À LA FERME

LES CHÈVRES

Sally Morgan

Texte français du Groupe Syntagme inc.

Éditions **■SCHOLASTIC**

Édition publiée par les Éditions Scholastic, 604, rue King Ouest, Toronto (Ontario) M5V IEI

5 4 3 2 I   Imprimé en Chine   09 10 11 12 13

Catalogage avant publication de Bibliothèque et Archives Canada

Morgan, Sally
Les chèvres / Sally Morgan ;
illustrations de Chris Davidson.

(À la ferme)
Traduction de: Goats.
Niveau d'intérêt selon l'âge : Enfants de 4 à 8 ans.

ISBN 978-0-545-98864-3

I. Chèvres--Ouvrages pour la jeunesse. I. Davidson, Chris
II. Titre.

SF383.35.M67I4 2009   j636.3'9   C2008-905376-I

Texte : Sally Morgan
Conception graphique : Tara Frese
Recherche de photos : Nic Dean
Illustrations : Chris Davidson
Direction artistique : Zeta Davies

Références photographiques

Légende : h = haut, b = bas, c = centre, g = gauche, d = droite, PC = page couverture

Alamy / Renee Morris 8 hd, Steve Sant 8 bg; **Arco Images** / Tim Hill 9, 13 bg / Tim Manley 19; Ardea / M. Watson page titre, 22 / John Daniels 4, 12, 16 bg; **Barn Goddess Fainters** / Stephanie Dicke 17 bg; **Corbis** / Owen Franken 13 hg / Vander Zwalm Dan 18; **FLPA** / Ariadne Van Zandbergen 5 / Sarah Rowland 7 / Nigel Cattlin 14, 15 ch / Gerard Lacz 16 hd / R.P. Lawrence 17 hd; **Getty Images** / Siede Preis, Photodisc Green PC / Terry Vine, Stone 15 bg; **NHPA** / Daniel Heuclin 10 / Susanne Danegger 11 **Still Pictures** J-L Klein & Hubert, BIOS 6.

TABLE DES MATIÈRES

Les mots en **gras** figurent dans le glossaire, à la page 22.

Les chèvres à la ferme

Sais-tu que les chèvres produisent du lait et de la viande que l'on peut manger? Les chèvres sont très répandues dans les fermes et fournissent aux gens plus de viande et de lait que tout autre animal d'élevage.

INFO-FERME
On élève des chèvres pour leur viande et leur lait depuis plus de 9000 ans.

La plupart des chèvres sont des animaux gentils et doux. Il y a des centaines de millions de chèvres partout dans le monde. C'est en Asie et en Afrique qu'on en trouve le plus.

La chèvre, du nez à la queue

Les chèvres pygmées sont toutes petites; elles ont à peu près la taille d'un agneau. La chèvre Saanen de Suisse est beaucoup plus grosse. Une Saanen adulte mesure environ un mètre aux épaules. Elle peut peser jusqu'à 80 kg. C'est autant que quatre enfants de six ans.

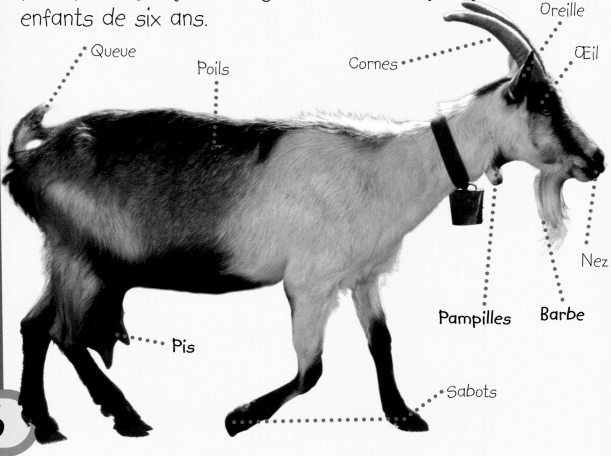

Queue

Poils

Cornes

Oreille

Œil

Nez

Pampilles

Barbe

Pis

Sabots

Presque toutes les chèvres ont une barbe. Toutefois, la barbe de la chèvre mâle, qu'on appelle le **bouc**, est plus longue et plus épaisse.

Taille d'un enfant de six ans

Taille d'une chèvre

INFO-FERME
Les drôles de choses qui pendent de la gorge de certaines chèvres s'appellent des pampilles. Une pampille est simplement un morceau de peau recouvert de poils, et personne ne sait vraiment à quoi ça sert!

7

Une vie de chèvre...

On appelle un *bébé* chèvre un **chevreau**, et une chèvre femelle, une chèvre tout simplement. Le chevreau grandit dans le ventre de sa mère pendant cinq mois avant de naître.

Le chevreau peut *se tenir sur ses* pattes et se promener quelques minutes à peine après sa naissance. Pendant les premières semaines de sa vie, il se nourrit du lait de sa mère. Puis il grignote des plantes afin d'apprendre ce qui est bon à manger.

Les jeunes chèvres adorent explorer leur environnement.

Après trois ou quatre mois, la jeune chèvre quitte sa mère. Les femelles sont prêtes à avoir des *bébés* vers l'âge de six mois. Une chèvre vit de 12 à 16 ans environ.

9

Chèvres gourmandes

Les chèvres sont habiles pour s'échapper de leur enclos, surtout si elles ont vu des plantes savoureuses à manger de l'autre côté! Bien des chèvres peuvent sauter jusqu'à 1,5 m de haut et aussi ramper sous les clôtures et les barrières.

Ces chèvres affamées ont grimpé dans un arbre à la recherche de nourriture!

Les chèvres mangent toutes sortes de plantes. Elles aiment manger les feuilles et les tiges des arbres et des **arbrisseaux**. Souvent, elles se dressent sur leurs pattes de derrière pour atteindre les feuilles plus hautes. Elles mangent aussi toutes sortes d'herbes.

Cette chèvre se tient sur ses pattes de derrière pour attraper les feuilles d'un arbre.

INFO-FERME
Les chèvres sont des animaux très fouineurs; elles aiment explorer. Certaines chèvres arrachent les vêtements des cordes à linge. Elles ne mangent pas les vêtements. Elles ne font que les mordiller pour voir ce qu'ils goûtent!

Quand les chèvres trouvent une nouvelle plante qu'elles n'ont encore jamais goûtée, elles la prennent entre leurs lèvres pour voir si elle a bon goût avant de la manger.

11

Du lait et de la viande

De nombreuses chèvres sont élevées pour leur lait. Après avoir donné naissance à un chevreau, les chèvres produisent du lait dans leurs pis. Il faut les **traire** tous les jours. Dans certaines fermes, on trait les chèvres à l'aide d'une machine. On peut aussi le faire à la main.

On donne une forme ronde à ce fromage de chèvre.

Le lait de chèvre a un goût semblable à celui du lait de vache. On peut en faire du yogourt et du fromage.

On élève également les chèvres pour leur viande. La viande de chèvre est très prisée dans certaines parties de l'Afrique et au Moyen-Orient.

Des chèvres frisées

On élève certains types de chèvres pour leur laine. La laine des chèvres angoras est transformée en un **fil** doux qu'on appelle **mohair**. On l'utilise pour tricoter des chandails et d'autres vêtements.

Les chèvres angoras ont d'épaisses **bouclettes** de laine.

La laine appelée **cachemire** provient des chèvres du Cachemire qui vivent dans les montagnes de l'Asie. C'est la laine la plus chère au monde. On peigne les chèvres pour récolter les poils fins qui sont sous leur toison. Puis on transforme ces poils en cachemire.

INFO-FERME
Les Grecs de l'Antiquité utilisaient des peaux de chèvre pour fabriquer du **vélin** et du parchemin. Ils s'en servaient pour écrire, comme sur du papier.

Il faut **tondre** les chèvres angoras deux fois par année.

La peau d'une chèvre peut être transformée en cuir. C'est un cuir très doux, dont on se sert souvent pour fabriquer des gants.

Ce tambourin a été fabriqué avec un vélin bien tendu.

15

Charmantes chèvres

CHÈVRES PYGMÉES

Les chèvres pygmées sont très petites. Elles ne mesurent que de 50 à 60 cm à l'épaule. Leur corps est petit et rond. Les chèvres pygmées sont très gentilles.

GOLDEN GUERNSEY

C'est une petite chèvre. Son corps est recouvert de poils dorés. Les chèvres Golden Guernsey produisent beaucoup de lait avec lequel on fait du yogourt et du fromage.

BAGOT

La Bagot est l'une des races les plus anciennes. Cette chèvre existe depuis l'an 1380 environ. Elle a de grandes cornes et son poil est long et touffu.

TENNESSEE

Cette chèvre vient de l'Amérique du Nord. On l'appelle également chèvre « à pattes raides ». Quand elle est effrayée ou énervée, les muscles de ses pattes se bloquent. Elle tombe par terre et reste étendue complètement raide pendant quelques secondes. Ensuite, elle se relève!

17

Chèvres du monde entier

SUÈDE

En Suède, la chèvre est un symbole de Noël. Auparavant, la **tradition** voulait qu'un membre de la famille se déguise en chèvre pour distribuer les cadeaux de Noël. Aujourd'hui, de nombreuses familles suédoises mettent une chèvre en paille sous leur sapin de Noël.

Des chèvres en paille sur un marché, peu avant Noël.

KENYA

Au Kenya, en Afrique, les chèvres sont des animaux précieux. On juge souvent la richesse d'une personne par le nombre de

chèvres qu'elle possède. Avant un mariage, la famille du marié offre des cadeaux à la future mariée et à sa famille. On donne souvent à la future mariée une chèvre comme cadeau de mariage.

UKRAINE

En Ukraine, la tradition veut que des personnes se promènent pour chanter des chansons de Noël la veille de Noël. Auparavant, ces chanteurs étaient accompagnés d'une chèvre. Aujourd'hui, c'est un des chanteurs qui se déguise en chèvre.

19

Lait de chèvre fouetté

Tu peux boire le lait de chèvre et aussi en faire de délicieux laits fouettés.

Tu auras besoin d'une banane, de 500 g de petits fruits frais, comme des fraises ou des framboises, de 500 ml de lait de chèvre frais et de 4 cuillerées à table de miel liquide.

1 Pèle la banane et fais-en des morceaux.

2 Demande à un adulte de t'aider à mettre les morceaux de banane et les petits fruits dans un mélangeur ou un robot culinaire. (Conserve quelques morceaux de fruits pour décorer.) Mélange le tout jusqu'à ce qu'il soit presque liquide.

20

3 Ajoute le lait et le miel dans le mélangeur ou le robot culinaire. Mélange jusqu'à ce que la préparation soit mousseuse.

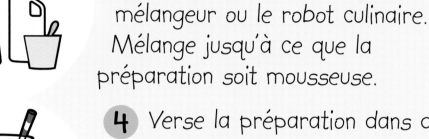

4 Verse la préparation dans de grands verres et dépose quelques morceaux de fruits sur le dessus. Bois ton lait fouetté sans plus attendre!

5 Tu peux faire toutes sortes de laits fouettés : tu n'as qu'à changer de fruits. En été, tu pourrais utiliser des bleuets ou des pêches. En automne, tu pourrais utiliser des mûres. Pour un délice spécial, ajoute une cuillerée de crème glacée à la vanille. Un vrai régal!

Glossaire et index

arbrisseaux petits buissons ou arbustes

barbe poils qui poussent sur le menton d'une chèvre

bouc chèvre mâle

bouclettes poils qui poussent en frisant

cachemire laine très chère faite avec le poil des chèvres du Cachemire

chevreau bébé chèvre

fil brin utilisé pour tricoter des vêtements ou fabriquer du tissu

mohair laine provenant de la chèvre angora

pampilles bouts de peau qui pendent de la gorge d'une chèvre

pis partie du corps d'une chèvre qui produit le lait

tondre raser la laine d'un animal à l'aide d'un rasoir spécial

tradition coutume ou façon de faire que des parents transmettent à leurs enfants, qui les transmettront à leur tour à leurs enfants

traire tirer le lait de la chèvre en pressant ses pis

vélin peau d'animal séchée dont on se servait pour écrire il y a longtemps

Idées à l'intention des enseignants et des parents

- Trouvez des lectures sur divers types de chèvres. Faites des fiches de renseignements au sujet des différentes races. Renseignez-vous pour connaître les races qui sont élevées pour le lait et celles qui sont élevées pour la viande.

- Visitez une ferme où les enfants peuvent voir les chèvres de près.

- Trouvez des poèmes ou des contes sur les chèvres. Encouragez les enfants à créer leur propre poème ou histoire sur les chèvres.

- Achetez du lait de chèvre, demandez aux enfants d'y goûter, puis, de goûter à du lait de vache. Lequel préfèrent-ils? Lisez les renseignements sur le contenant. Que contient le lait? Pourquoi est-il bon pour la santé? Informez-vous sur la raison pour laquelle les malades et les jeunes enfants doivent boire du lait de chèvre plutôt que du lait de vache.

- Trouvez des lectures sur divers types de fromages qu'on peut faire à partir du lait de chèvre. Renseignez-vous sur la façon dont on fait le fromage de chèvre. Allez regarder le comptoir de fromages dans un supermarché ou une fromagerie. On y trouve des fromages de toutes les formes, et certains sont recouverts d'herbes et d'épices variées.

- Faites un collage représentant une chèvre. Prenez une grande feuille de papier blanc sur laquelle vous dessinerez le contour d'une chèvre. Fouillez dans vos vieux magazines et découpez toutes les images de chèvres ou de choses qui rappellent les chèvres. Rassemblez des retailles de tissu. Collez tout ce que vous aurez trouvé sur le dessin pour faire une chèvre aux couleurs éclatantes!

- Faites une recherche des mots clés relatifs aux chèvres du présent livre.

- La laine mohair et le cachemire proviennent des chèvres. Cherchez des vêtements fabriqués à partir de ces laines. Demandez aux enfants de les toucher pour qu'ils se rendent compte de leur douceur.

24

NOTA
- Assurez-vous qu'aucun enfant n'a d'intolérance au lait avant d'entreprendre l'activité de dégustation de lait.